DOUBLE TAKE

DOUBLE TAKE

ADDICTIVE PHOTO PUZZLES
THAT CHALLENGE YOUR ATTENTION TO DETAIL

A QUIRK PACKAGING BOOK

© 2010 by Quirk Packaging, Inc.

This 2010 edition published by Fall River Press,
by arrangement with Quirk Packaging, Inc.

Fall River Press
122 Fifth Avenue
New York, NY 10011

ISBN: 978-1-4351-2323-6

Printed and bound in China

10 9 8 7 6 5 4 3 2 1

CONTENTS

INTRODUCTION

Experts say that puzzle-solving helps develop visual perception and acts as brain aerobics, keeping your mental abilities sharp as a tack. And tackling puzzles like the 100 stimulating photo challenges in *Double Take* trains you to focus on fine details, teaches your eyes to scan slowly, and allows your mind to register minute changes. The effect is simultaneously relaxing and taxing, but ultimately, it's just highly entertaining and wildly addicting!

The way it works is simple: On the following pages are two types of puzzles, consisting of either two versions of the same image, placed side by side; or a group of four of the same image. In two-image puzzles, the version on the right is slightly different and has six to twelve changes within. In groups of four images, one of the four is different, with only one change. In the colored bar above each puzzle is the number of changes and where to find the answer key, which begins on page 158.

Puzzles are organized into four levels of difficulty, but don't be fooled! Some images in the easy "Observant" section may have one change that is maddeningly difficult to spot. And while the more challenging puzzles usually have more numerous and compact detail, a rookie with, say, an eye toward architectural detail or a penchant for spotting faces in a crowd might well conquer some puzzles fit for an expert "Clairvoyant!"

For first-time puzzle solvers, however, a few hints are in order. Spotting the differences in any of these pictures depends on many things, like whether the elements in the picture fall into a natural grid (such as apartment windows or items on shelves), the complexity of the patterns, the sizes and colors of the objects changed (bigger and brighter objects are easier to spot, as any good hunter or parent knows), and how many changes affect numbers and letters—most of us these days seem programmed to notice a misspelled word before we do an extra branch on a tree.

In the answer key, the differences are clearly circled and numbered with a corresponding, brief description for each change. References to "right" and "left" refer to the way the pictures are viewed by the reader, not what's in the picture itself. For example, "teapot now facing right" means the teapot is turned to the reader's right.

Whether you confront these puzzles alone or with family and friends, *Double Take* will add extra life to your brain and an extra dose of fun to your life.

Here is an example of a typical puzzle. There are seven changes. If you can't find them, check the answer key to the right of the puzzle.

7 CHANGES
ANSWERS p161

PUZZLE **#9** 👁 **OBSERVANT**

DOUBLE TAKE • 19

PUZZLE #9 1. Chimney moved to the left. **2.** Window added. **3.** Window added. **4.** Window added. **5.** Chimney now taller. **6.** Blue wall now pink. **7.** White door decoration now missing.

OBSERVANT

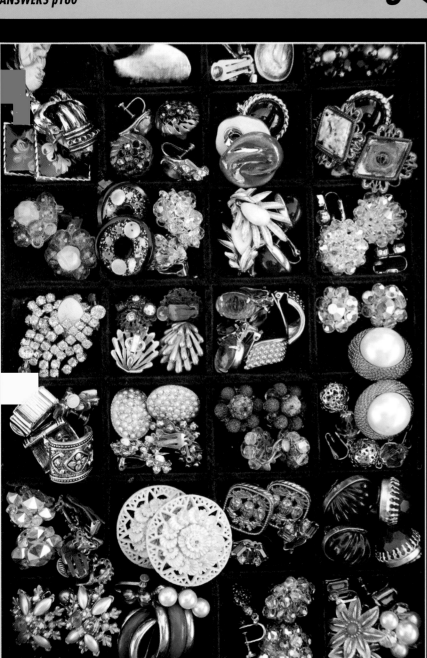

PUZZLE #*13*  *OBSERVANT*

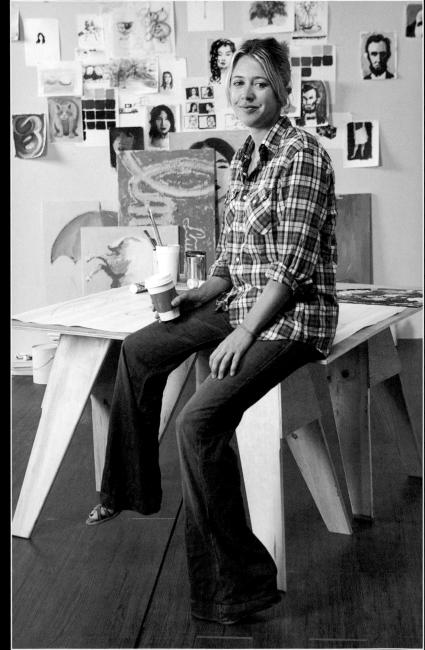 

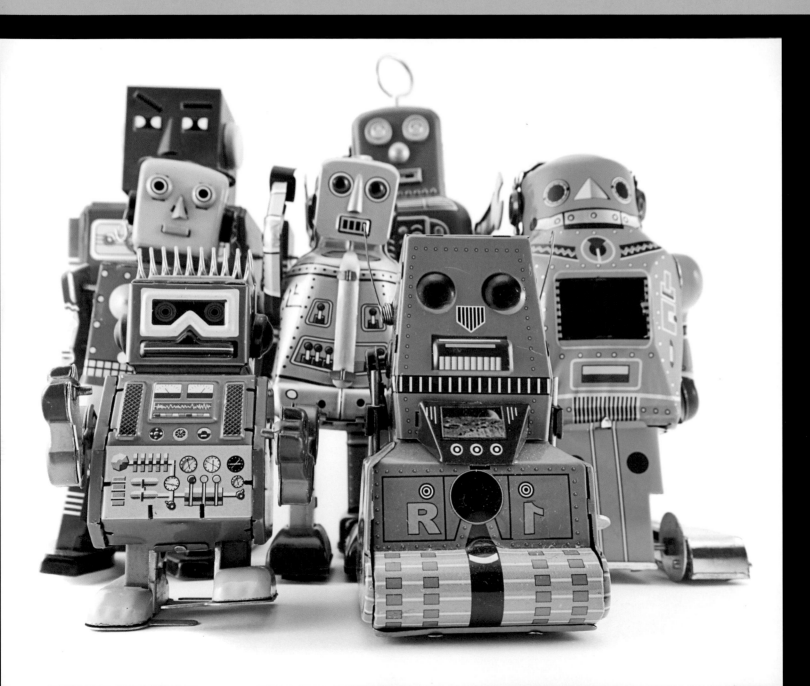

PERCEPTIVE

EAGLE-EYED

CLAIRVOYANT

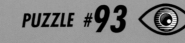

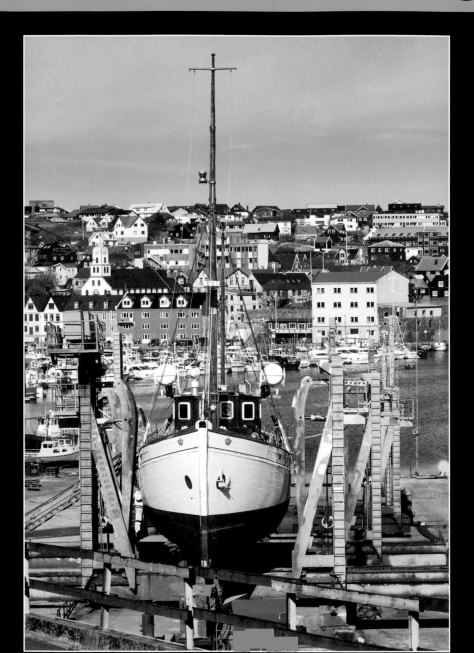

ANSWERS

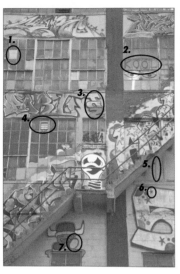

PUZZLE #1
1. Pane of glass now white. 2. LOOK now KOOL. 3. TDS now reversed. 4. Vent moved right one pane. 5. Yellow strip added to wall. 6. Star added inside the 5. 7. Line missing from bottom of shoe.

PUZZLE #2
1. Edge of shutter missing. 2. Reflections added to glass. 3. Keyhole now below doorknob. 4. Baluster missing. 5. Hair barrette flipped sides. 6. Foliage added. 7. Curlicue design on flowerpot flipped.

PUZZLE #3
1. Red rhinestones now blue. 2. Clip on back missing. 3. Earrings flipped. 4. Fastener missing. 5. Ridge added to to of earring. 6. Hole now larger. 7. Red earring now green. 8. Pearl added.

PUZZLE #4 1. Number 6 on clock now 9. 2. Spatula added. 3. Pot handle missing . 4. Time now 12:33. 5. Phone button missing. 6. Green tube now pink. 7. Cabinet handle missing.

PUZZLE #5 Top right picture: Toy boat rotated 90 degrees.

PUZZLE #6 Bottom left picture: Strap on back of diver missin

PUZZLE #8
1. Square opening now filled in.
2. Character added.
3. Sailboat now flipped. **4.** Profile now flipped. **5.** Gold coin now silver.
6. Characters now flipped and swapped.
7. Coin added.

PUZZLE #9
1. Chimney moved to the left. **2.** Window added. **3.** Window added. **4.** Window added. **5.** Chimney now taller. **6.** Blue wall now pink.
7. White door decoration now missing.

PUZZLE #7 **1.** Tree added. **2.** White helmet vent now shorter. **3.** White flag added. **4.** Hook added to saddle. **5.** Pink roof now green. **6.** Green stripe now yellow. **7.** Square detail missing.

PUZZLE #11
1. Icicles added.
2. Ice pick missing.
3. Chunk of ice added. **4.** Vent added to helmet. **5.** Yellow tool now blue.
6. Shoe spikes missing. **7.** Yellow shoe tip now red.

PUZZLE #12
1. Angel's wings now longer. **2.** Ornament added to wreath.
3. Fire now blazing larger. **4.** Base of sconce now longer.
5. Stocking now flipped. **6.** Green shirt cuff now red.
7. Rug detail missing.

PUZZLE #10 **1.** Tree added. **2.** Wine added to glass. **3.** Foliage added. **4.** Green grapes added. **5.** Red egg cup now blue. **6.** Orange square now blue. **7.** Bootstrap missing.

PUZZLE #13 **1.** Chair rung missing. **2.** Pink shell missing. **3.** Color changed from purple to blue. **4.** Shoe details missing. **5.** Wires missing. **6.** Black teardrop missing. **7.** Turquoise center of shell now pink.

PUZZLE #14 **1.** Smoke added. **2.** Candle flame missing. **3.** Bottom tooth missing. **4.** Witch's wart on other side of face. **5.** Ring added to left hand. **6.** Reflection on glass missing. **7.** Row of decoration on goblet darker.

PUZZLE #15
1. Decoration added to toaster. **2.** Window of stove now larger. **3.** Blue bow tie now purple. **4.** Curtain now shorter. **5.** Ring now on other hand. **6.** Tines of fork missing. **7.** Radiator vent missing. **8.** Part of pattern missing.

PUZZLE #16
1. Top of lampost missing. **2.** Panes added to window. **3.** Black decoration now upside down. **4.** Red brick detail now wider. **5.** Cornice missing. **6.** Keystone on arch missing. **7.** Brick detail added. **8.** Fence foot added. **9.** Street line missing.

PUZZLE #17 **1.** Window flipped with different shades. **2.** Balcony railings missing. **3.** U-shaped chair missing. **4.** Vertical seam missing. **5.** Yellow and pink balconies swapped. **6.** Window flipped. **7.** Window missing curtains. **8.** Brown balcony now blue. **9.** Window missing. **10.** Laundry added.

PUZZLE #18
1. JFK now upside down. **2.** Stamp now flipped. **3.** Planet Ear missing. **4.** Price now 90. **5.** CCCP now PCCP. **6.** Earth rotate 180 degrees. **7.** Gray frame now pink. **8.** Perforation missin **9.** Horizontal line nov vertical.

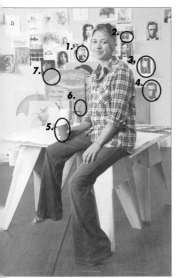

PUZZLE #19
1. Images swapped.
2. Red swatch added.
3. Woman's legs in drawing flipped.
4. Abraham Lincoln drawing added.
5. Coffee sleeve now larger. **6.** Paint brush added. **7.** Detail missing from painting.

PUZZLE #20 1. Two lights added. **2.** Ribbon and eagle detail now upside down. **3.** Vertical line on wall missing. **4.** Scroll detail missing from lamp base. **5.** Door handle missing. **6.** Chair seam missing. **7.** Chair leg missing.

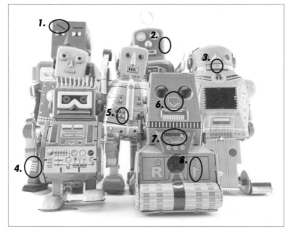

PUZZLE #21 1. Eyebrow now raised. **2.** Ear missing. **3.** Screw added to mouth. **4.** Two lines added to leg. **5.** Lever added. **6.** Nose now upside down. **7.** Scene flipped. **8.** Number 1 flipped.

PUZZLE #22
1. Cloud added.
2. Strap added.
3. Stripe added to hat. **4.** Fabric missing.
5. Horizon line now higher. **6.** Pattern added to saddle.

PUZZLE #23
1. 98 now white on black tag. **2.** 86 now 88. **3.** 87 reversed.
4. Key now rotated 90 degrees. **5.** Tape around 78 missing.
6. Hinges between 64 and 54 missing.
7. Knob now turned on 56.

PUZZLE #24 1. Holder added to table. **2.** Card slot now longer.
3. White star missing. **4.** Number 7 now upside down. **5.** Leaf added to necklace. **6.** Five of diamonds now six of diamonds.
7. Circle added inside circle. **8.** Jacket sleeve now longer.

PUZZLE #25 **1.** Yellow tent now red. **2.** Painting of daisy added. **3.** Arrow now pointing up. **4.** Blue bubble added. **5.** Bubble now smiley face. **6.** Pink fence plank flipped. **7.** Seam of platform missing.

PUZZLE #26 Top left picture: Ventilation holes added to mask.

PUZZLE #27 Top right picture: Pile added to background.

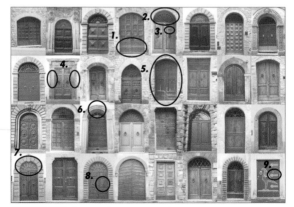

PUZZLE #28 **1.** Two panels added. **2.** Extended ironwork missing. **3.** Mail slot added. **4.** Side ornamentation now longer. **5.** Door now darker. **6.** Keystone missing. **7.** Ironwork now different pattern. **8.** Doorknob missing. **9.** Ornamentation added.

PUZZLE #29
1. Spire added.
2. Girder missing from bridge. **3.** Letter O of graffiti filled in. **4.** Black tar now smaller. **5.** Person added. **6.** Window added. **7.** Person moved right.

PUZZLE #30 **1.** Pole missing. **2.** FINGERS now WINGS. **3.** WINGS now FINGERS. **4.** Letter M added. **5.** PITTA now PITA. **6.** Bag of cotton candy added. **7.** Lightbulb added. **8.** SHISH KEBOB image flipped. **9.** BURGER now BURGUR. **10.** Sidewalk crack missing.

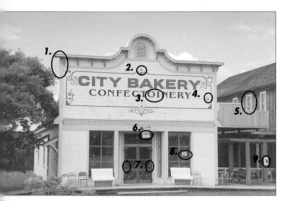

PUZZLE #32
Bottom left picture:
Ski pole missing.

PUZZLE #31 **1.** Cornice missing. **2.** Dot added to signage. **3.** CONFECTIONERY now CONFECTOINERY. **4.** Curlicues missing. **5.** Window added. **6.** BAKERY now backwards. **7.** Ornamentation added to doors. **8.** Open sign moved right. **9.** Flyer on pole moved right.

PUZZLE #33 Top right picture: Piece of wood added to crate.

PUZZLE #34
1. Column of windows missing. **2.** Red car now blue. **3.** Car missing. **4.** Arrow on sign now pointing left. **5.** Traffic barrel added. **6.** Street line missing.

PUZZLE #35
1. Spire now taller. **2.** Building now shorter. **3.** Smoke missing. **4.** Tree branch added. **5.** Shadow missing. **6.** Orange vest now blue. **7.** Skater added. **8.** Cone added.

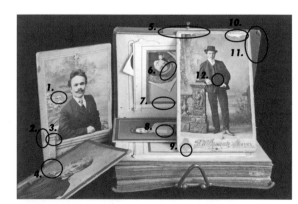

PUZZLE #36 **1.** Leaves added. **2.** Stain added. **3.** Ridge added to column. **4.** Crack missing. **5.** Clasp now longer. **6.** Hat detail added. **7.** Damage missing. **8.** Neckline now deeper. **9.** Circle added to logo. **10.** Tear on top moved right. **11.** Album edge now solid red. **12.** Pocket watch chain missing.

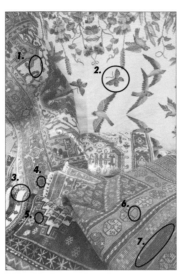

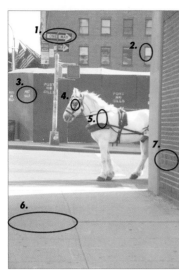

PUZZLE #38
1. Blue line missing. **2.** Butterfly flipped upright. **3.** Yellow detail missing. **4.** Yellow detail now brown. **5.** Blue line missing. **6.** Green detail missing. **7.** Stripe missing.

PUZZLE #39
1. Sign flipped. **2.** Window shade now closed. **3.** POST NO BILLS now POST BILLS. **4.** Center decoration missing. **5.** Leather strap missing. **6.** Sidewalk crack missing. **7.** Darker row of bricks added.

PUZZLE #37 1. Stripe added to shoulder. **2.** Line on field missing. **3.** Reflections of lights on helmet missing. **4.** Ridge added to padding. **5.** Vertical bar added to face mask. **6.** Red shoe tip now purple. **7.** Purple stripe on pants now longer.

PUZZLE #40 1. Metal strip now longer **2.** Note missing. **3.** Holes missing. **4.** Tool now on right side. **5.** Third hole added. **6.** Handle now tilting left. **7.** Wrench missing. **8.** Spray can missing label. **9.** Shirt sleeve now longer. **10.** Black stripe added to shirt. **11.** Red button added.

PUZZLE #41 1. Blue tile now white. **2.** Center part of flower now different. **3.** Yellow plaque missing. **4.** Wire in frame moved to top right. **5.** Star missing. **6.** Line on pillow missing. **7.** Vase now taller. **8.** Row of tiles added.

PUZZLE #42 1. Eyes added. **2.** Window pane moved left. **3.** Apron added. **4.** Pupil moved left. **5.** Braid added. **6.** Apron strap missing. **7.** Window shorter.

PUZZLE #45
1. Diamond ornamentation now shell ornamentation. **2.** Row of lights missing. **3.** Blue design now orange. **4.** Shadow of the pole missing. **5.** Blue diamond missing. **6.** Foot stand added. **7.** Shadow of leg added.

PUZZLE #43 1. Leaf added. **2.** Vertical wire missing. **3.** Lantern design missing. **4.** Yellow flower added. **5.** Yellow balustrade added. **6.** Character missing from incense burner. **7.** Cup of tea now half full. **8.** Candle now lit. **9.** Navel of orange missing.

PUZZLE #44 Bottom left picture: White stripe missing.

PUZZLE #46 1. Spoon added to hanging rack. **2.** Row of vents added. **3.** Seed added to apple. **4.** Leg added to equipment. **5.** Red and green buttons now swapped. **6.** Orange wall tiles now higher.

PUZZLE #47 1. Black spot added to tree trunk. **2.** Line added to bench. **3.** Bleach spots missing from jeans. **4.** Neckline now higher. **5.** Book added. **6.** Flowers added to tree. **7.** Strap now longer. **8.** Zipper missing from bag. **9.** Plant now taller.

PUZZLE #48 1. Clouds now larger. **2.** Trees added to hillside. **3.** Tree added to field. **4.** Red roof now gray. **5.** Tree added to hillside. **6.** Haystack added. **7.** Hill added in background.

PUZZLE #49-54 👁 ANSWERS

PUZZLE #49
1. Phone cord now longer. **2.** Label missing from jar **3.** T-shirt sleeve now longer. **4.** Green bottle cap now white. **5.** Apple added to crisper. **6.** Row of vents added. **7.** Spigot missing from cappuccino maker.

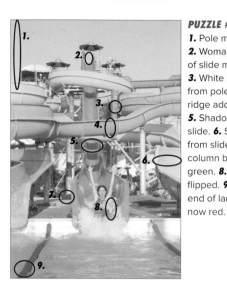

PUZZLE #50
1. Pole missing. **2.** Woman at top of slide missing. **3.** White line missing from pole. **4.** Extra ridge added to slide. **5.** Shadow added to slide. **6.** Seam missing from slide. **7.** Blue column base now green. **8.** Girl's foot flipped. **9.** White end of lane divider now red.

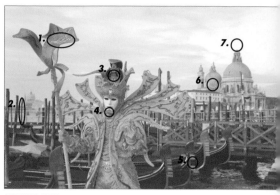

PUZZLE #51 **1.** Design on top of staff flipped. **2.** Pile added to background. **3.** Yellow skirt of figurine now green. **4.** Orange chin piece now larger. **5.** Horizontal bars deleted from gondola **6.** Window in church dome missing. **7.** Spire missing.

PUZZLE #52
1. Tower now taller. **2.** Foliage added to tree. **3.** Chimney added. **4.** Window added. **5.** Vertical window panes now horizontal. **6.** White wall now blue. **7.** Trees added.

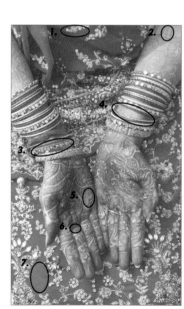

PUZZLE #53
1. Embroidery added. **2.** Henna tattoo added. **3.** Blue stones now pink. **4.** Bracelet missing. **5.** Henna tattoo now filled in. **6.** Ring missing. **7.** Embroidery missing.

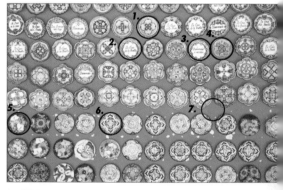

PUZZLE #54 **1.** Plate rotated 45 degrees. **2.** Text now different. **3.** Plate now different. **4.** Color palette now different. **5.** Pattern flipped. **6.** Multicolored plate now blue. **7.** White chi on wall missing.

PUZZLE #56

1. Vertical wire missing. **2.** Yellow wire now red. **3.** Vent missing. **4.** Blue and white label upside down. **5.** Knob added. **6.** Knob's reflection missing. **7.** Letters FC missing. **8.** Transistors added. **9.** Silver clasp now longer.

PUZZLE #55 1. Handles added. **2.** Vent row added. **3.** Air vent missing. **4.** Vertical window pane missing. **5.** Light reflection now larger. **6.** Red knob added. **7.** Drawer handle missing. **8.** Basket moved left.

PUZZLE #57 1. Cloud now larger. **2.** Building now taller. **3.** Reflection now wider. **4.** Top floor added. **5.** White satellite dish added. **6.** Crane now tilting left. **7.** Sail added to boat. **8.** Row of white windows added. **9.** Row of white windows now dark.

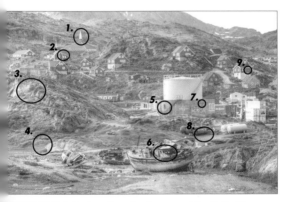

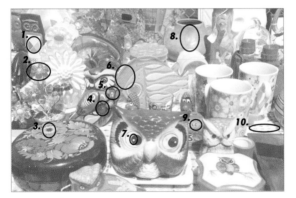

PUZZLE #60

1. Swirl engraving added. **2.** Roman numeral VI now IV. **3.** Number 8 now upside down. **4.** Minute hand moved left. **5.** Screw now gold. **6.** Wheel rotated 90 degrees. **7.** Silver screw missing. **8.** Silver screw now red.

PUZZLE #58 1. Red section of spire now white. **2.** Red house now blue. **3.** Red house added. **4.** Rock formation now larger. **5.** Red box now smaller. **6.** Windows missing on boat. **7.** Heart over letter I added. **8.** Tank added. **9.** Window added.

PUZZLE #59 1. Pie colors flipped. **2.** Orange flower now pink. **3.** Pink center missing. **4.** Green petal now fuchsia. **5.** White squiggle now larger. **6.** Fish eye missing. **7.** Pupil of eye moved left. **8.** Price tag missing. **9.** Letter E now C. **10.** Green pattern row added.

PUZZLE #61-66 ANSWERS

PUZZLE #61
1. Hole added.
2. Pattern added to orange bead. **3.** Pink bead added. **4.** Bead flipped. **5.** Orange dot missing. **6.** White dot added. **7.** Hole missing. **8.** Striped bead added. **9.** Hole added. **10.** Black arrow now pointing left. **11.** Stripe added to bead. **12.** Yellow bead now turquoise.

PUZZLE #62 1. Wire added to roof. **2.** Swimmer now further from beach. **3.** Shadow now longer. **4.** Baluster added. **5.** BEACH now PEACH. **6.** Lock missing. **7.** Sign now upside down. **8.** Flower missing.

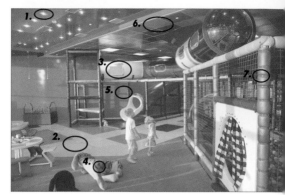

PUZZLE #63 1. Ceiling light now on. **2.** Purple floor tile missing. **3.** Window now smaller. **4.** Stripe added to tiger. **5.** Shadow line added. **6.** Red ceiling panel now green. **7.** Indentation added to blue pole.

PUZZLE #64
1. Pattern now filled in. **2.** Wings now upside down. **3.** Diamond pattern missing. **4.** Fleur-de-lis pattern missing. **5.** Four dots missing from pattern. **6.** Ring moved to middle finger. **7.** Pattern missing from rug. **8.** Flourish missing from pattern.

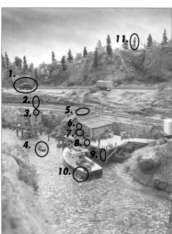

PUZZLE #65
1. Blue truck now red. **2.** Chimney missing. **3.** Window added. **4.** Rowboat now in middle of river. **5.** SEAFOOD now SEEFOOD. **6.** Window missing. **7.** Crate added. **8.** Dog moved left. **9.** Rungs of ladder missing. **10.** Stripe added to boat. **11.** Tree added.

PUZZLE #66 Top right picture: Tooth missing.

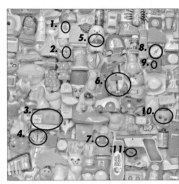

PUZZLE #69
1. Profile flipped.
2. Eye added.
3. Cassette tape flipped. **4.** Two dots added to wings.
5. Red shirt now blue.
6. VW Bug colors flipped. **7.** Purple book now pink.
8. Compass hand rotated 90 degrees.
9. Screw added.
10. Eyebrows missing. **11.** Clip added to rollerblade.

PUZZLE #68 1. Belt buckle moved down. **2.** Wall seam missing. **3.** Shadow under horse missing. **4.** Row of braiding added to hat. **5.** Funnel now pointing right. **6.** Stripe added to bucket. **7.** Latch moved right. **8.** Boot seam missing.

PUZZLE #67 Bottom right picture: Tire added to pile.

PUZZLE #70
1. Stripe now longer.
2. Two holes added.
3. Gold center added.
4. Swan button now upside down. **5.** Blue button now pearly.
6. Button upside down. **7.** Blue button now red. **8.** Gold center added.
9. Purple center now gold.

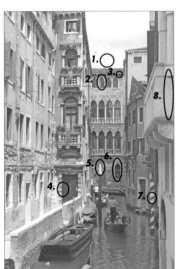

PUZZLE #71
1. Wire added to antenna. **2.** Shutter added. **3.** Cornice missing. **4.** Doorknob missing. **5.** Yellow tip of pile now longer.
6. Window now longer. **7.** Stripe now thinner. **8.** Porch opening missing.

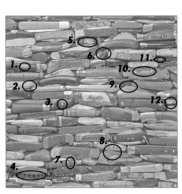

PUZZLE #72
1. Gold emblem now longer. **2.** Grip detail now longer. **3.** Screw added. **4.** Pattern swapped. **5.** Mountie flipped. **6.** Red handle now green. **7.** Groove added. **8.** Opening now filled in. **9.** Notch missing. **10.** Crocodile flipped. **11.** Silver inset now shorter.
12. Red handle now blue.

PUZZLE #73 1. Hilltop added. **2.** Dark red building now orange. **3.** Window added. **4.** Open door now closed. **5.** Bush added. **6.** Blue boat now red. **7.** Buoy moved further out. **8.** Oar missing. **9.** Kayaks added to pile. **10.** Crack added. **11.** Rocks added to shore. **12.** Buoy missing.

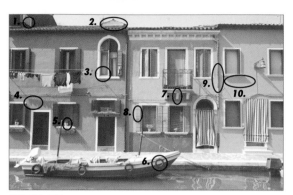

PUZZLE #74 1. Vent panel now wider. **2.** Pink roof now yellow. **3.** White panel missing. **4.** Laundry shadow now longer. **5.** Heart missing from flowerpot. **6.** Inner tube added. **7.** Support added to balcony. **8.** Line in shutter missing. **9.** Rust stain now longer. **10.** Shadow now longer.

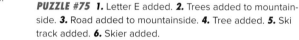

PUZZLE #75 1. Letter E added. **2.** Trees added to mountainside. **3.** Road added to mountainside. **4.** Tree added. **5.** Ski track added. **6.** Skier added.

PUZZLE #76 1. Boat moved left. **2.** Round lantern added. **3.** Man missing from balcony. **4.** Black door now yellow. **5.** Boat reflection now smaller. **6.** Bench added to boat. **7.** Dark stone now wider.

PUZZLE #77
1. Pattern missing from shoe. **2.** Yellow tip of helmet now red. **3.** Buildings added. **4.** One field now two. **5.** Green stripe added to parachute pack. **6.** Brown field now green.

PUZZLE #78
1. Pink sprig added. **2.** Pink jewel added. **3.** Character flipped. **4.** White dot added. **5.** Embroidered gold swirl added. **6.** Pearl added. **7.** Red thread on tassle now thinner. **8.** White embroidered line added.

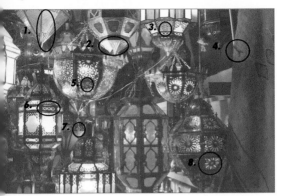

PUZZLE #79 **1.** Gray panel now green. **2.** Triangular openings now filled in. **3.** Round pattern added. **4.** Curtain detail moved down. **5.** Red center of flower now blue. **6.** X design added to panel **7.** Diamond-shaped bead added. **8.** Red and green colors now swapped.

PUZZLE #80 **1.** Support beam added. **2.** Triangular sign upside down. **3.** Shadow missing. **4.** Label now upside down. **5.** Bars missing. **6.** Wire missing. **7.** Helmet detail missing. **8.** Red stripe added to overalls. **9.** Nail added. **10.** Shadow added.

PUZZLE #81
1. Cloud added. **2.** Orange roof now green. **3.** Rust stain missing. **4.** Window missing. **5.** Dormer window added. **6.** Column of windows added. **7.** Crosswalk moved up street. **8.** Cars added.

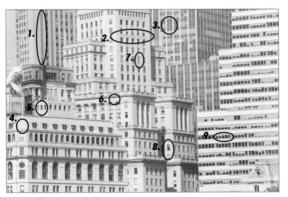

PUZZLE #82
1. Air conditioner label missing. **2.** Sidewalk grate missing. **3.** Metal divider added to vent. **4.** Two screws missing. **5.** Two crosswalk lines now one. **6.** Seam in ceiling missing. **7.** Sticker on door now upside down. **8.** Grip added to door handle. **9.** Keyhole moved right.

PUZZLE #83 **1.** Column of red bricks added. **2.** Decorative elements now different. **3.** Window shades now open. **4.** Oval window missing. **5.** Window added. **6.** Round decoration added. **7.** Window shade now closed. **8.** Two windows added. **9.** Row of windows flipped.

PUZZLE #84
1. BEEF now BEEE. **2.** Diagonal stripes flipped. **3.** Slushy machine vents missing. **4.** Ice-cream machine lever missing. **5.** Logo now upside down. **6.** CREAM now CREEM. **7.** CHERRY AND MANGO now CHERRY PLUS MANGO. **8.** Ice-cream cone added.

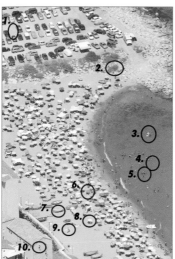

PUZZLE #85
1. Red car missing from lot. **2.** Shrubbery added. **3.** Beachgoers with kayak added. **4.** Group of swimmers missing. **5.** Group of swimmers added. **6.** Yellow umbrella now pink. **7.** Boat added. **8.** Umbrella added. **9.** Sunbathers added. **10.** Window added.

PUZZLE #86
1. Cross added to ornamentation. **2.** Columns added to each side. **3.** Design on pane of glass now different. **4.** Symbol now pointing left. **5.** Shield missing. **6.** Figure now upside down. **7.** Purple coat on figure now blue. **8.** Dark brick now lighter.

PUZZLE #87
1. Yellow container now pink. **2.** Nozzle now longer. **3.** Container added to pile. **4.** Tomato added. **5.** Earring missing. **6.** Blue milk tab moved right. **7.** Red potato added to cart. **8.** Wire missing. **9.** $3.49 price now $9.49.

PUZZLE #88 **1.** Globe added. **2.** Mask missing. **3.** Headdress now blue. **4.** Two gold medallions added. **5.** Fan missing from painting. **6.** Painting flipped. **7.** Light missing. **8.** Eyehole missing. **9.** Mask added. **10.** Eyeball missing.

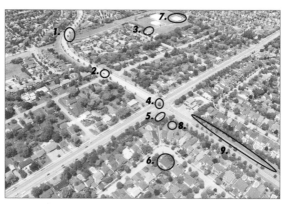

PUZZLE #89 **1.** Two trees added. **2.** Car added. **3.** Row of trees added. **4.** Tree added to intersection. **5.** Sidewalk added. **6.** Blue roof now red. **7.** Baseball field added. **8.** Swimming pool added. **9.** Sidewalk missing.

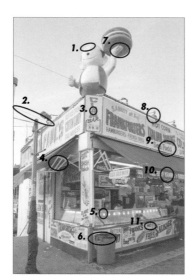

PUZZLE #90
1. Eyebrows missing **2.** Wire added. **3.** Hole added to letter A. **4.** Hinge added. **5.** Lightbulb now on. **6.** Rim of garbage can missing **7.** Thumb missing. **8.** Spotlight added. **9.** FOOD now FODD **10.** FRANKS now KRANKS. **11.** Blue HOT now red.

PUZZLE #91

1. Vertical seam added. **2.** Window shade now raised. **3.** Red reflector added. **4.** Green vest now pink. **5.** Horizontal reflection added. **6.** Green dot added to window. **7.** Branch added. **8.** Red reflector added.

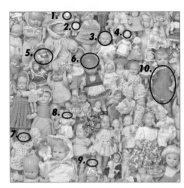

PUZZLE #92

1. Two holes missing from button. **2.** Blue flower missing from dress. **3.** Doll head now different. **4.** Doll's hair missing. **5.** Blue top now purple. **6.** White dots missing from headscarf. **7.** Eyes now looking left. **8.** Eyebrows missing. **9.** Eyes now open. **10.** Pattern missing from dress.

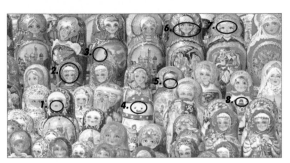

PUZZLE #93

1. Mouth now upside down. **2.** Face now looking right. **3.** Blue cloud missing. **4.** Eyelashes missing. **5.** Red lips now pink. **6.** Red wings now blue. **7.** Headpiece now shorter. **8.** Blue hat on figure missing.

PUZZLE #94

1. Horizontal shadow added. **2.** Flower now different. **3.** Green bead added. **4.** Embroidery added. **5.** Red fabric now narrower **6.** Part of design on fan missing. **7.** Lantern reflection missing. **8.** Gold base of lantern missing. **9.** White line (and its reflection) added to column.

PUZZLE #95

1. Horizontal seam added. **2.** Bolt missing. **3.** Metal disc added. **4.** Sideburn now longer. **5.** Bolt added. **6.** Disc added. **7.** Two vertical tubes added. **8.** Orange tube added. **9.** Diagonal line added. **10.** Black line missing. **11.** Black center now yellow. **12.** Bar with dots now longer.

PUZZLE #96

1. Lamp now higher. **2.** Window added to steeple. **3.** Window shade now open. **4.** Red house now green. **5.** Window added. **6.** Window added. **7.** Red stripe added. **8.** Hole added. **9.** Red detail missing. **10.** Rung missing. **11.** Green pipe added.

PUZZLE #97

1. Wire added. **2.** Nail added. **3.** Column of screws missing. **4.** Connector added. **5.** Connector added. **6.** Hole missing. **7.** Missing seam. **8.** Nut added to pipe. **9.** Rusty screw added. **10.** Vertical seam missing. **11.** Clasp added. **12.** Indentation added.

PUZZLE #98 1. Teapot spout missing. **2.** Orange stones missing. **3.** Reflection flipped. **4.** Row added to frame. **5.** Stain missing from tile. **6.** Porcelain shoe added. **7.** Design on bellows now different. **8.** Teapot now facing right. **9.** Horizontal reflection now vertical. **10.** Two orange details added. **11.** Center detail now upside down. **12.** Yellow tagine pot now red.

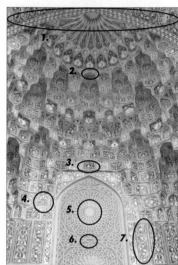

PUZZLE #99

1. Row of diamonds added. **2.** Two triangles missing. **3.** Pattern now different. **4.** Pattern now different. **5.** Center of design filled in. **6.** Vertical line missing. **7.** Pattern now upside down.

PUZZLE #100

1. Blue fabric now pink. **2.** Red and green dots now swapped. **3.** Green pattern now red. **4.** Face now blue. **5.** Green pattern missing from pant leg. **6.** Gold necklace missing. **7.** Nose now an eye. **8.** Pattern flipped and colors swapped. **9.** Four bracelets added to arm.